はじめまして！
10歳からの経済学

① もしもお金がなかったら

文・泉美智子　絵・サトウナオミ

ゆまに書房

もくじ

はじめまして！10歳からの経済学

①もしもお金がなかったら

1 もしもお金がなかったら
（通貨《つうか》の目的・役割《やくわり》）
4ページ

2 もしもお札がなかったら
（紙幣《しへい》と硬貨《こうか》の併用《へいよう》）
14ページ

文：泉美智子（いずみ みちこ）
絵：サトウナオミ

3 もしも遊園地の乗物がタダだったら（適正《てきせい》なものの値《ね》だん）

24ページ

4 もしも世界のお金が円だけだったら（国力《こくりょく》、貿易《ぼうえき》・為替《かわせ》）

34ページ

1 もしもお金がなかったら
（通貨《つうか》の目的・役割《やくわり》）

お父さんが操《あやつ》るヨットは、けいすけとゆうきの2人を乗せて大海原《おおうなばら》へ。

「海の冒険《ぼうけん》だ」とはりきっていた親子は、途中《とちゅう》、台風にみまわれてしまいました。
予定のコースをはずれ、ヨットは海をさまよっていましたが、運良く小さな浜辺《はまべ》に打ち上げられました。
お父さんはヨットが流されないように必死に力をふりしぼって、嵐《あらし》の中、一晩中《ひとばんじゅう》ヨットをつないだロープを引っぱり続けていました。

恐《きょう》怖《ふ》の一夜が明けました。

ヨットが打ち上げられた島はどうやら無人島《むじんとう》のようです。

お父さんが起き上がってきません。

昨日のつかれが出たのかぐったりしています。

けいすけとゆうきは、お父さんをヨットにかつぎこみ、

お医者さんのいそうな島をめざしました。

「あれは？」２人は民家《みんか》のある島を見つけました。
「お父さんの具合が悪いんです、病院はどこですか」と
けいすけは大声でさけびました。
すると「そんなものはこの島にはねぇよ」とどこからか声がしました。

ある家の軒《のき》に、日ぼしにしている魚が見えました。
ゆうきが「おなかがぺこぺこだよ」と泣きだしました。
けいすけは1000円札《さつ》を１枚《まい》だして「これ売ってください」というと、
「そんな紙切れとほし魚は交かんできないな。
鳥やけものの肉１《ひと》切れとほし魚１匹《ぴき》。野菜《やさい》１たばとほし魚２匹《ひき》、
お米なら両手に１《いっ》杯とほし魚３匹《びき》と交かんさ」
どうやらこの島ではお金は通用《つうよう》しないようです。
「100人ぐらいしか住んでいないこの島じゃ、そんなものいらないんだよ」
「では、これとほし魚を交かんしてくれますか」
けいすけは、はさみ、手帳、えん筆、ナイフ、携帯《けいたい》ラジオ
などをカバンから取り出しました。
「こりゃなんじゃ？　見たことねぇぞ」使い方を説明《せつめい》していると、
「なるほど！　便利《べんり》なものがあるもんじゃのう」と、
村の漁師《りょうし》さんは、はさみ、ナイフと交かんにほし魚10匹《びき》をくれました。
「この島で食べ物といえば、魚くらいのもんじゃ。
ずっとむこうにある大きな島に行けば、
5000人ほど住んでおって医者もおる。
この島の者も病気になればそこまで行って診《み》てもらっとる。
それにパンも野菜《やさい》も牛乳《ぎゅうにゅう》もあるぞ」

まる１日かけて、たどりついたのはずいぶん大きな島でした。

島の入《い》り江《え》には船着き場もちゃんとありました。

あっちこっちの島からやってきた、かざりや旗《はた》のついた船や

ヨット、それにたくさんのボートも留《と》まっています。

港は大ぜいの人でにぎわっていました。

「病院をさがしています」

「この何軒《けん》か先にあるよ。いったいどうしたんだい？」

「お父さんの具合《ぐあい》が悪いんです」

病院に着くやいなや

「このジャンパーと交かんに、お父さんを診《み》てください」

ところが、病院の受付の人や待合室《まちあいしつ》にいた患者《かんじゃ》さんたちが

クスクス笑《わら》いだしました。

「昔は物々《ぶつぶつ》交かんをしていたときもあったけど、

人がふえて物々《ぶつぶつ》交かんはしていないのさ。今は貝がらに印《しるし》をつけて、

それをもっていけば、なんだって買えるんだよ。これがその貝がらさ」

年老《お》いた患者さんが教えてくれました。

「貝がらがお金の役割《やくわり》をするなんて、ふしぎな島だ」

「やっとお父さんを病院まで連れてきたのに……」と
困《こま》りはてていると、
院長《いんちょう》先生、看護師《かんごし》さん、患者《かんじゃ》さんたちが集まってきて、
「このヒモとても便利《べんり》そうだから売ってちょうだいよ」と、
けいすけのズボンのベルトをみていいました。
「この帽子《ぼうし》もなかなかかっこういいな」
「このジャンパーは水をはじくんだ」
「このつつのようなものは遠くのものがよく見えるわ」と、
いつの間にかまわりには人だかり。
あっという間に、3人の前には貝がらの山ができました。
その代わり、ベルト、ジャンパー、望遠鏡《ぼうえんきょう》はなくなりました。
その貝ガラで、治療代《ちりょうだい》と薬代をはらって、パンと牛乳《ぎゅうにゅう》も買いました。
お父さんもすっかり回復《かいふく》したようすです。

いろんな船が留《と》まっています。

貝がらと必要なものを交かんするために、

また、自分の島でたくさんとれた魚のひものや、

鳥やけものの肉を貝がらと交かんするために、

まわりの島々からたくさんの人がこの島に

おしかけてきていたのでした。

島と島とのあいだでものを売ったり買ったりして、

貝がらのお金は、島から島へとぐるぐる回っています。

「貝がら3枚《まい》」という値札《ねふだ》のついたパンと、貝がら3枚《まい》が、そして「貝がら10枚《まい》」という値札《ねふだ》のついた肉と10枚《まい》の貝がらが交かんできるから、貝がらはお金と同じなんだよ。

すっかり元気になったお父さんの
操縦《そうじゅう》するヨットは、いきおいよく船出です。
空は真っ青に晴れわたり、風もそよそよ、
海はとてもおだやか。
しばらく進むと前方《ぜんぽう》に美しい島が見えてきました。
島に上陸《じょうりく》して、空腹《くうふく》をみたすために、
レストランにかけこみました。
貝がらをテーブルの上に山づみして、
「おいしいものをどっさりもってきてください」

「えー？　貝がらでごちそうが
食べられるわけないでしょ」
ウェートレスさんが
メニューをもってきました。
そこには円で値《ね》だんが書かれていました。
「この島では円のお金が通用《つうよう》するんだ」
と、けいすけの一声に、
「当然《とうぜん》でしょ。ここは日本なんだから」
あっけにとられたウェートレスさん。

それもそのはず、日本の最南端《さいなんたん》にある有人島《ゆうじんとう》に
3人はもどってきていたのです。
お父さんのサイフの中にあるお札《さつ》が通用《つうよう》することを知ったけいすけは一安心。
だけど、大切な望遠鏡《ぼうえんきょう》やベルトと交かんして手に入れた貝がらが、
おもちゃでしかなくなったことに気づいたけいすけは
「お金っていったいなんだろう」とつぶやきました。
それを聞いたお父さんも「うーん」と少し考えて、
「お金というのは、ある意味約束事《やくそくごと》なんだよ」とこたえました。

2 もしもお札がなかったら
（紙幣《しへい》と硬貨《こうか》の併用《へいよう》）

「６年１組のみなさーん、明日から２泊《はく》３日で

江戸《えど》時代体験《たいけん》学習をします。

もってくるお金は１人3000円。ただし、お札《さつ》はダメですよ。

硬貨《こうか》だけで3000円もってきてください。

江戸《えど》時代の初めのころは金属《きんぞく》でできたお金しかなかったのだから」

と先生が説明をしています。

「江戸《えど》時代かぁ。おれはちょんまげのかつらをつけてこようかな」

「わたしは着物をきていこうかな」

「ぼくはたびにぞうりをはいていこうかな」

江戸《えど》時代体験《たいけん》学習にでかける生徒《せいと》たちは、はしゃいでいます。

翌朝《よくあさ》、生徒《せいと》たちの乗りこんだバスが走りだすと、

マイクを手にした先生は、

「江戸《えど》時代までの日本では、お金といえば、

本当の金《きん》をたくさんふくむ、ずっしりと重い大判《おおばん》のほかに、

小判《こばん》、一朱金《いっしゅきん》。銀《ぎん》をふくむ一分銀《いちぶぎん》。銅《どう》をふくむ銅銭《どうせん》、

一文銭《いちもんせん》など、今でいう硬貨《こうか》だけでした」

「大判《おおばん》ってどれくらいの重さだったのかなあ」

「たぶん、ポケットに大判《おおばん》１枚《まい》と小判《こばん》３枚《まい》入れて歩きまわれば、

穴《あな》があいちゃうんじゃない」生徒《せいと》たちは大さわぎ。

人里はなれたへんぴな山の中ふくに、

民宿《みんしゅく》をいとなむ古びた民家《みんか》が5軒《けん》ありました。

30名は1班《ばん》6名ずつに分かれ、

さっそく2泊《はく》3日の江戸《えど》時代の生活体験を始めます。

食材《しょくざい》買い出し班《はん》、料理班、清そう班、食器あらい班、
体験メモ班の１班６人ずつの５班に分れます。
買い出し班の６人の生徒《せいと》が、
今日の夕食からあさっての昼食までに必要な食材の買い出しに、
山のふもとの村に出かけます。

江戸《えど》時代でも、お金がないと買い物はできません。
買い出し班の子どもたちの最初の仕事は、
１人1280円の硬貨《こうか》を集めることです。

買い出し班《はん》の６人は、
先生２人と生徒30人から集めた４万960円の硬貨《こうか》の入った
重い布袋《ぬのぶくろ》をかついで、山道を下ります。
はじめのうちは、大名《だいみょう》行列気分になったり、
ヤジさん、キタさん気分になったりして、
すっかり江戸《えど》時代にタイムスリップしたつもり。
笑顔《えがお》ではしゃいでいた６人は、いくら下り坂とはいえ、
硬貨《こうか》の入った重いふくろをかわるがわる肩《かた》に背《せ》おって歩くのは
大変、山道の半ばあたりになると、
６人ともからだはヘトヘト、おなかはペコペコ。

雑貨店
江戸《えど》時代には
一文銭《いちもんせん》を100枚ずつ
ひもでくくっていたんだ。
数えやすいように
くふうをしていたのさ。

ふもとの食料品店で、江戸《えど》時代にもあった食材
（米、魚のひもの、たまご、山菜《さんさい》、いもなど）を選びます。
冷ぞう庫のなかった時代ですから、
生ものはさけないといけません。
雑貨屋《ざっかや》のレジ台にはおばあちゃんがひとり。
３万8870円の代金を、
ぜんぶ硬貨《こうか》ではらったものですから、
おばあちゃんは数えるのに大変。カベの時計を見ると、
お金を勘定《かんじょう》するのにおよそ30分もかかりました。

「買い出し班のみなさんご苦労《くろう》さま」
と先生はねぎらいました。

体験学習の最後の夜です。みんなでいろりを囲《かこ》んでいます。

「江戸《えど》時代の人たちはなぜお札《さつ》を使わなかったんだろう」

と買い出し班の班長《はんちょう》さん。

「江戸《えど》時代も半ばを過ぎると、

藩《はん》（今の都道府県《とどうふけん》のようなもの）の中でしか通用しない

藩札《はんさつ》というのができたんだけれど、全国どこでも

ほしいものが買えたのは、幕府《ばくふ》が発行する硬貨《こうか》だけだったの。

買い出し班が体験したように、

硬貨《こうか》の持ち運びはとても不便だったし、

ニセものと本物との区別もつきにくかったのよ」と先生。

「最初の買い出しのときでも、お札《さつ》を使えば、

１万円札《さつ》を４枚《まい》出して、1000円札《さつ》１枚《まい》と100円玉１個、

10円玉３個のおつりをもらえば、それですむわけよね」

「おばあちゃんも肩《かた》こりに悩《なや》まなくてすんだのにね」

「お札《さつ》って便利《べんり》！」

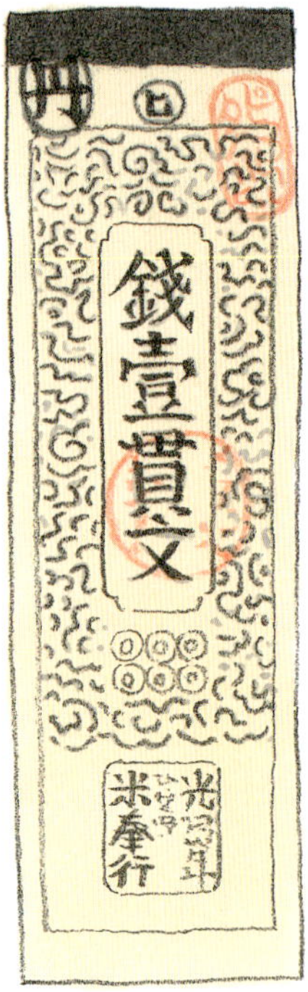
錢壹貫文

1000
1000
日本銀行券
千円
日本銀行
見本

「お札《さつ》は、千円と印刷してあるだけで、
たんなる紙切れ。
紙切れに千円と印刷してあるだけで、千円の
値打《ねう》ちがある。800円の値札《ねふだ》のついた品物を買うのに
千円札《さつ》１枚出せば、その品物と200円のおつりがもらえる。
紙切れがものと交かんできるって、ふしぎだなあ……。

お札《さつ》のことを
日本銀行券という。
国民が日本銀行と日本の政府《せいふ》を
信用しているからこそ、
日本銀行が発行するお札《さつ》で
買い物できるんだよ。

ふだん考えたこともなかったけれど、お札《さつ》ってナゾだらけだ。

だけど、お札がなければ、

なにもできないような世の中になってしまったんだなあ」

生徒《せいと》たちは口々にいいました。

江戸《えど》時代体験学習から帰ったゆうきは、買い物に出かけるお母さんに、

「お母さんのサイフに入っているお金がぜんぶ硬貨《こうか》だったら、どう」

とたずねます。

お母さんは「そんなこと考えたこともないわ」と笑《わら》って答えました。

3 もしも遊園地の乗物がタダだったら（適正《てきせい》なものの値《ね》だん）

夏休みを前にして、

「7月1日から『のりものぜんぶタダ』」

というびっくりするようなチラシが、学校の前でくばられていました。

それをもらった、たっちゃんは急いで家に帰り、

「ママ、UFOパークの乗物が全部タダで乗れるんだって！」

と大喜《よろ》び。

7月最初の日曜日、パパ、ママ、お姉さんの麻衣《まい》と弟のたっちゃん一家を

乗せた電車がUFOパーク駅に着きました。

駅のホームから遊園地まで人の山。

「今日はだめだね。また別の日に来るしかないね」

とパパはあきらめ顔。空にはテレビ局のヘリコプターが飛び、

大混雑《だいこんざつ》のUFOパークの中継《ちゅうけい》をしているようです。

「タダの力ってすごいんだね」とがっかりしながら、

おしよせる人の波からぬけ出したたっちゃん一家は、

しかたなく家に帰りました。

夕食後、一家だんらんの時間、テレビニュースを見ていると、

「きのうの朝からここでならんでいるわ」

と最前列《さいぜんれつ》の人はインタビューに答えていました。

「なるほど、ここまで努力《どりょく》して、ぎせいをはらわなければ、

“無料”というおいしい話にはありつけないのか」

とあくびをしながらお疲《つか》れぎみのパパ。

UFOパーク
UFO
UFOパーク
のりもの ぜんぶタダ
7月1日から!

今度は、平日《へいじつ》の朝早くUFOパークに出かけます。
パパは会社を休んでくれました。
麻衣《まい》とたっちゃんもこっそり学校を休んで、ママと４人で出直しです。
「今度こそ、ギャラクシークラッシュに乗るぞ！」

ところが、この日も日曜日ほどではないけれど、人でいっぱい。
なんとか入場ゲートをくぐりぬけたものの、あまりにも混雑《こんざつ》しているので、
乗りたい乗物のところに行くのにも時間がかかります。
それに３時間以上も行列して待たねばなりません。
結局、６時間もUFOパークの中にいて、人気のない乗物2つに乗れただけ。

「これじゃあ、お金をはらってUFOパークに
来ていたころのほうが楽しかったわ」と麻衣《まい》はグチをこぼします。
「そうね、今日はほんとに疲《つか》れたわ」とママもぐったり。
「タダだからいっぱい乗れると思ったのに、
ギャラクシークラッシュにも乗れなかったよお」
とたっちゃんもがっかり。

タダだからこそ、
多くの人がやってくる。
入場するのも大変だし、
好きな乗物にも乗れない。昔から、
「タダより高いものはない」
というんだよ。

大ぜいの人でにぎわっても、乗物がタダだから、売り上げは入場料だけです。
7月のUFOパークは赤字になること確実《かくじつ》です。
社員の給料が払《はら》えなくなり、半数の社員にやめてもらうことにしました。
人手が足りなくなったために、乗物の事故《じこ》や犯罪《はんざい》も多くなります。

3時間まち
INFORMATION

UFO

「これ以上タダで営業《えいぎょう》を続《つづ》けることはできない」
と考えたUFOパークの社長さんは、8月から料金を元にもどしました。
「タダでなくなったんだから空《す》いているはず」と、
大ぜいの子どもたちがUFOパークにやってきました。
それでもお客さんの数は、タダのときほどではないけれども、
けっこうたくさんいました。
UFOパークの事務所《じむしょ》では、
「タダにしたことはムダではなかったんだよ。
それがパークの宣伝《せんでん》になって、有料《ゆうりょう》になっても
お客の数は以前よりも多いんだから。
よし！　3カ月で7月の損《そん》は
取り戻《もど》せそうだ。

きっと、その後も売り上げは減《へ》らないはずだよ。

“タダ作戦” は大成功だったよ」と、

パソコンの画面をながめながら社長さんは、

得意《とくい》そうに社員たちに語っていました。

自信満々《まんまん》の社長さんは、次のように考えました。

「UFOパークで遊びたいお客さんが

こんなにたくさんいるんだから、

乗物の値《ね》だんを以前の 3 倍に値上《ねあ》げしよう」

さっそく新聞で値上《ねあ》げを知らせました。

ところが、

翌日《よくじつ》のUFOパークの入場ゲートには人かげがまばらです。

ずーっと前から予約していた団体《だんたい》さんのバスが数台とまっているだけで、

さびしいかぎりです。

バスからおりてきた観光客《かんこうきゃく》は、
UFOパークに人がいないので
「好《す》きな乗物になんでも乗れる」と大はしゃぎ。
でも、乗物の値《ね》だんが3倍になっているので、
「この乗物はちょっと高すぎるから、
スペースアドベンチャーだけに
しておこうよ」と、自分たちで
乗物の数を制限《せいげん》するようになりました。
「おもしろかったけど、こんなに
高いのなら二度と来たくないわ」
「宇《う》宙《ちゅう》遊園地のほうが
よかったよね」と不《ふ》満《まん》の声が
あちこちから聞こえてきました。

急にお客さんの数が減《へ》り、売り上げが減《へ》った
UFOパークの社長さんは大あわてでした。
「どんなに人気のある乗物をそろえていても、
ほかの遊園地とくらべて料金を高くしすぎるのも、
タダにするのもまちがいだ。
混雑《こんざつ》しすぎないよう、また、お客さまがすすんで
乗ってくれるような料金にしなければならない。
お客さまに満足《まんぞく》していただき、
『また来よう』と思ってもらえることが大切なんだ」
社長さんはタダもだめだし、料金を 2 倍、3 倍にするのもだめなことが
ようやくわかったようです。

君は
“絶叫《ぜっきょう》マシーン”が
いくらだったら
乗ってみる？
経済犬が問う
料金もどしました
UFO
パーク

4 もしも世界のお金が円だけだったら（国力《こくりょく》、貿易《ぼうえき》・為替《かわせ》）

世界にいくつの国があるのでしょう。

100以下？　100以上？

どちらが正解《せいかい》だと思いますか。

現在地球上にある国の数は190カ国以上にもなるのです。

「ふーん。そんなにたくさん国があるのか。

ということは、

通貨《つうか》（その国でしか通用しないお金）も国の数と同じくらいある

ということか」

「いや、通貨《つうか》の種類はそんなに多くはないよ。
ヨーロッパの多くの国々では、
ユーロという単位《たんい》の同じ通貨《つうか》を使っているからね」
「夏休みにお父さんとハワイに行ったとき、
ホテルの近くの銀行で、
お父さんが円をドルに替《か》えていたのを思い出したよ。
世界中どこの国でも同じ通貨《つうか》を使えれば、
こんなめんどうなことをしなくてすむのにね」
こんな願《ねが》いが、いま、かなおうとしているのです。

世界中の人々がテレビの画面を真けんに見つめています。

ニューヨークにある国際連合《こくさいれんごう》の会議場からの中継《ちゅうけい》放送です。

世界中の財務大臣《ざいむだいじん》と中央銀行総裁《そうさい》が集まって、

「世界の通貨《つうか》をひとつにする」ための会議が開かれています。

みんなテレビの前にくぎづけで、

どこの国の通貨《つうか》が世界でたったひとつの通貨《つうか》になるのかが

関心の的《まと》なのです。

「アメリカのドルが世界通貨《つうか》になるに決《き》まってる」と

だれかがいえば「円はやっぱり無理かなあ」という人も。

ここは国際連合《こくさいれんごう》の総会を行う大ホール会議 場《かいぎじょう》。

アメリカ、フランス、日本、ロシア、中国、イギリスなどの

大臣《だいじん》が次々と演説《えんぜつ》しています。

「世界の人口の20％が住む中国の元《げん》が世界通貨《つうか》の単位《たんい》となるべきです」

と中国の大臣《だいじん》。

「どこの国の金庫の中にも、外国のお金では

ドルがもっとも多く蓄《たくわ》えられているのだから、

ドルが世界通貨《つうか》になるのが当然《とうぜん》です」とアメリカの大臣《だいじん》。

「ヨーロッパの多くの国々で通用するユーロこそが世界通貨《つうか》に

ふさわしい」とフランスの大臣《だいじん》。

「日本経済《けいざい》は安定しており、世界中の国々が日本の工業製品《せいひん》を

輸入《ゆにゅう》しているのだから、円を世界通貨《つうか》に」と日本の大臣《だいじん》。

なかなか結論《けつろん》が出ません。

そこで、国際連合加盟国《こくさいれんごうかめいこく》の投票で

上位5つの通貨《つうか》を選ぶことにしました。

選ばれたのは、ドル、ユーロ、円、元《げん》、ポンドでした。

票数《ひょうすう》もほぼ同じだったので、
5つのうちから1つを選ぶのはむずかしいことです。
そこで、くじ引きをするしかないという結論《けつろん》になりました。
日本の財務大臣《ざいむだいじん》が当たりくじを引きました。
こうして、円が世界通貨《つうか》に決まりました。
各国の財務大臣《ざいむだいじん》と中央銀行総裁《そうさい》の
拍手《はくしゅ》をあびて、日本の財務大臣《ざいむだいじん》と
日本銀行総裁《そうさい》は壇上《だんじょう》にあがり、
バンザイをしています。
新しい世界通貨《つうか》円（イエン）
は世界銀行により発行さ
れることになりました。
それぞれの国には、
その国独特《どくとく》のお金の
動き、モノの動き、
モノの価格《かかく》
（物価《ぶっか》）があ
って、

そのバランスをとりながら国の経済《けいざい》を守っています。

こうした情報《じょうほう》をコンピュータに内ぞうした為替《かわせ》レート自動交かん機

というものが作られました。

世界の国の経済《けいざい》安定を考えたうえで、お金の交かんをしなければいけません。

世界銀行は世界中の国々へこの為替《かわせ》レート自動交かん機を設置《せっち》しました。

ドル、ユーロ、元《げん》、ポンド、ルーブルなどのお金を入れれば

自動的に円（イエン）に交かんされるのです。

だれも得《とく》をしたわけでも損《そん》を

するわけでもありません。

日本の物価
らの世界の
YEN
新聞

それではいったい、円（イエン）が世界通貨《つうか》になったら、
なにが起こるのでしょうか。
韓国《かんこく》のソウルへ旅行に出かけます。

これまでなら円を韓国《かんこく》の通貨《つうか》ウォンに替《か》えないと
買い物ができなかったのに、円（イエン）で買い物ができます。
アメリカに行っても、ブラジルに行っても世界中どこの国に
行っても、円（イエン）で買い物ができます。
おみやげ品が高いのか安いのかすぐにわかります。

国と国とのあいだのモノの値《ね》だんの差《さ》が
一目《ひとめ》でわかるようになります。
日本の賃金《ちんぎん》は、アメリカや中国より高いのか、安いのか。
新幹線《しんかんせん》の運賃《うんちん》は、フランスや韓国《かんこく》の高速鉄道より割高《わりだか》ではないのか。
世界一家賃《やちん》が高い国はどこなのか。
これらが簡単《かんたん》に比《くら》べられるようになるのです。

ヒトとモノが国境《こっきょう》を越《こ》えて動き回る時代です。

日本に行けば高い給料《きゅうりょう》がもらえると考える中国人は
日本で働こうと日本に来る。
インドからも、タイからも、そして南米からも人が働きにやって来る。
そうなると、日本で働きたい人がやといたい人の数を
上回るようになり、結果、少々給料《きゅうりょう》（賃金《ちんぎん》）を下げても
働きたい人を雇《やと》うことができます。
賃金《ちんぎん》の安い中国にはアメリカやヨーロッパの国や
日本の工場が進出する。
中国では雇《やと》いたい人の数が増《ふ》え、
働きたい人の数が足りなくなり、中国の賃金《ちんぎん》は高くなる。

Petrol

中国の賃金《ちんぎん》と日本の賃金《ちんぎん》の差がなくなる。

むずかしい言葉でいえば、平《へい》準《じゅん》化《か》されるということなんだよ。

運賃《うんちん》や家《や》賃《ちん》なども平《へい》準《じゅん》化《か》される。
どうやら世界中ひとつの通貨《つうか》のほうが、
いろんな意味で、
いい世界ができそうだな。

■文：泉美智子（いずみ・みちこ）

子どもの環境・経済教育研究室代表。京都大学経済研究所東京分室、公立鳥取環境大学経営学部准教授を経て現職。四国学院大学で非常勤講師を務めるかたわら、全国各地で「女性のためのコーヒータイムの経済学」や「エシカル・キッズ・ラボ」「親子経済教室」など講演活動、テレビ、ラジオ出演も。環境、経済絵本、児童書の著書多数。近著に『12歳の少女が見つけたお金のしくみ』（宝島社）、監修に『節約・貯蓄・投資の前に 今さら聞けないお金の超基本』（朝日新聞出版）がある。日本FP学会会員、日本児童文学者協会会員。

■絵：サトウナオミ

多摩美術大学卒業後、マネキン人形の顔描きを経て旅人になり、現在イラストレーターとして各方面で活躍中。

はじめまして！ 10歳からの経済学 ①もしもお金がなかったら

2006年3月20日 初版1刷発行
2021年4月30日 初版2刷発行

文　泉《いずみ》 美智子《みちこ》
絵　サトウナオミ
発行者　鈴木一行
発行所　株式会社 ゆまに書房
東京都千代田区内神田2-7-6
郵便番号101-0047
電話　03-5296-0491（代表）

印刷・製本　株式会社シナノ
デザイン　株式会社シーズ・プランニング

ISBN4-8433-2058-7 C8633

落丁・乱丁本はお取替えいたします。
定価はカバーに表示してあります。